REINALDO DOMINGOS

EMPREENDA COM EQUILÍBRIO FINANCEIRO

dsop editora

Autor: PhD Reinaldo Domingos
Coordenadora editorial: Laila Mascarenhas
Editora de texto: Catarina Arimatéia
Editora de arte: Marisa Corazza
Colaboração editorial: Ana Rosa Vilches
Revisoras: Ana Paula Felippe e Luzia Rodrigues

dsop editora
Rua Alba, 88 - Parque Jabaquara
São Paulo - SP - Brasil - CEP: 04346-000
www.editoradsop.com.br

Dados Internacionais de Catalogação na Publicação (CIP)
(Câmara Brasileira do Livro, SP, Brasil)

Domingos, Reinaldo
Empreenda com equilíbrio financeiro / Reinaldo Domingos. -- São Paulo : Editora DSOP, 2024.

ISBN 978-85-8276-657-6

1. Educação financeira 2. Empreendedorismo 3. Finanças 4. Finanças pessoais 5. Investimentos 6. Negócios I. Título.

24-208057 CDD-332.6

Índices para catálogo sistemático:

1. Educação financeira : Economia 332.6

Cibele Maria Dias - Bibliotecária - CRB-8/9427

IMAGEM DE CAPA: AFRY_HARVY/SHUTTERSTOCK

SUMÁRIO

APRESENTAÇÃO

A independência financeira pode ser alcançada trilhando vários caminhos. Um deles, sem dúvida, é o do empreendedorismo. Se o seu desejo é ter um negócio próprio e ser independente profissionalmente, com todas as responsabilidades e os benefícios que a situação proporciona, precisa preparar-se na prática e emocionalmente, descobrir suas maiores habilidades, adquirir conhecimentos em várias áreas – financeira e gestão de pessoas, por exemplo – e, acima de tudo, saber organizar muito bem o dinheiro que entra e que sai. Isso vai além de dominar cálculos e planilhas. Uma empresa saudável depende de muito suor, disciplina, método e perseverança.

Neste guia, você vai aprender detalhadamente o que é o empreendedorismo e como colocar uma ideia em prática. Também conhecerá a importância de uma boa organização e de um planejamento competente. Saberá, ainda, que identificar oportunidades é indispensável, assim como investir nas relações humanas – com colaboradores, clientes, fornecedores, prestadores de serviço terceirizados. Para exemplificar, mostramos exemplos vitoriosos.

Prepare-se para entrar no mundo do empreendedorismo com o pé direito e muito conhecimento!

Boa sorte!

UMA IDEIA NA CABEÇA

EMPREENDEDORISMO: O QUE É, COMO SE FAZ?

Para desenvolver a capacidade de lidar de forma consciente com o seu dinheiro e, assim, obter a tão sonhada tranquilidade financeira, é necessário primeiro aprender a ganhar dinheiro.

Não basta "se matar de trabalhar" ou, ao contrário, acordar todos os dias desanimado com as tarefas que tem para cumprir. Para que a sua relação com o dinheiro seja efetiva e prazerosa, é preciso também gostar, e muito, daquilo que faz.

Para isso, é fundamental encontrar as tarefas e os conhecimentos que distinguem você das outras pessoas e usá-los a seu favor, convertendo suas habilidades em algo lucrativo. Isso nada mais é do que empreendedorismo: um conceito atual muito discutido e incentivado por empresas, governos e até entre jovens e crianças nas salas de aula.

Empreender pode ser entendido como ter uma ideia, colocá-la em prática e fazer com que se realize. Não pa-

✲ *Para que a sua relação com o dinheiro seja efetiva e prazerosa, é preciso também gostar, e muito, daquilo que faz.*

rece difícil, certo? E não é mesmo! Para exemplificar essa discussão, leia a história a seguir.

Havia uma família que gostava muito de trabalhar a terra e de plantar, mas raramente podia fazer isso. Apenas quando estava no sítio ou na fazenda de amigos é que a oportunidade se apresentava. Essa família tinha um espaço livre nos fundos da casa onde morava, uma área gramada que não tinha finalidade, pouco usada.

Algumas vezes, os membros dessa família pensavam em construir uma piscina ou uma churrasqueira naquele espaço, mas não sobrava dinheiro para isso, e nunca sabiam se isso era realmente o melhor a fazer.

Um dia, a esposa voltou da feira reclamando que o preço do tomate tinha subido muito. Foi quando o pai da família teve a ideia de plantar tomates nos fundos da casa. Era uma maneira de reduzir gastos na feira, garantir refeições com mais qualidade na mesa e realizar uma tarefa que lhe dava prazer.

Todos ficaram entusiasmados e se dispuseram a ajudar. Pesquisaram em *sites* e em livros quais eram os principais cuidados para manter uma plantação de tomates. Conversaram com amigos que entendiam do assunto e, em pouco tempo, reuniram as informações necessárias para dar início a esse novo projeto.

A plantação foi muito bem-sucedida! Os pais e os filhos se uniram em uma tarefa de que gostavam. A mãe, por sua vez, aprendeu novas receitas para aproveitar os tomates fresquinhos que se multiplicavam nos fundos da casa, uma vez que a família tinha tomates suficientes para as refeições e ainda sobravam alguns.

Foi quando o filho mais velho teve outra grande ideia: vender os tomates que não eram aproveitados para a vizinhança. Era uma forma de ganhar dinheiro com a plantação e evitar que o alimento estragasse.

A venda começou de forma tímida. Primeiro, entre os vizinhos mais chegados, que logo adoraram a ideia de ter pertinho de casa um local para comprar tomates fresquinhos por um preço atrativo. E logo começou a propaganda boca a boca: a mãe comentou sobre o novo negócio no salão de cabeleireiro, o pai informou a todos no escritório sobre sua nova fonte de renda, e o filho divulgou na escola que os pais eram agora pequenos produtores. Um vizinho e cliente também comentou com um amigo sobre a excelente ideia, e a procura pelos tomates começou a aumentar.

O pai chamou alguns amigos para ajudar no plantio e no cultivo, e a quantidade de tomates vendida crescia cada vez mais. Em grupo, eles tiveram outra excelente ideia: diversificar a plantação, porque perceberam que alguns vizinhos preferiam comprar na feira, já que lá podiam encontrar todas as verduras, legumes e frutas de que precisavam. Passaram, então, a plantar outros alimentos, como alface, morango e beterraba.

Com o passar dos meses, o negócio se firmou de vez. A família tinha agora uma fonte de renda obtida com algo que lhe dava prazer e, com isso, melhorou de vida. Conseguiu reformar a casa e depois aumentar o terreno e o negócio.

Aos poucos, a ideia inicial, que parecia somente uma forma de reduzir gastos, dava frutos e mais frutos. O empreendedorismo mudou a vida dessa família e tem mudado a de muitos brasileiros.

Essa mudança positiva pode ocorrer na vida de qualquer pessoa. Não existem grandes ou pequenos empreendedores e, ao contrário do que muita gente pensa, também não é necessário ter muito dinheiro para investir em um novo negócio. De acordo com nossas capacidades e conhecimentos, podemos planejar grandes e pequenos empreendimentos, criar soluções ou produtos que podem mudar a vida de muitas pessoas, mas isso não é determinante para classificar o perfil como grande ou pequeno empreendedor.

O dinheiro investido tampouco indica se o negócio vai ter ou não retorno financeiro. A relação não é essa. Ao contrário, você pode ter uma boa ideia que pode ser realizada com elementos facilmente encontrados em casa ou até com sobras de outros produtos, como tiras de papel e madeira. O mais importante é se informar, conhecer, ter vontade de aprender e evoluir, gostar do que faz e ter muito planejamento e força de vontade.

INCENTIVO E EDUCAÇÃO

O empreendedorismo, ou seja, a capacidade das pessoas de empreender, pode transformar vidas, cidades e até um país inteiro. Cada vez mais, isso tem se tornado realidade no Brasil, como mostram as diversas iniciativas para estimular empreendedores a apostar em suas ideias e habilidades. Isso sem falar de jovens e crianças que, desde cedo, poderão ter a oportunidade de aprender o valor transformador do empreendedorismo e da maneira correta de lidar com o dinheiro, já que ambos os conceitos estão interligados.

Para conquistar dinheiro, é fundamental saber as melhores formas de aproveitar os ganhos financeiros existentes e planejar como investi-los a seu favor. De nada adianta começar um pequeno negócio e, no fim do mês, estar no vermelho por algum deslize. Ser empreendedor tem tudo a ver com uma forma consciente e harmoniosa de lidar com o dinheiro e os gastos. A Educação Financeira pode ser considerada um dos pilares do empreendedorismo e, consequentemente, do seu bom resultado.

Educar crianças e adolescentes para o empreendedorismo é muito importante, porque propicia o desenvolvimento de habilidades e competências que são importantes para qualquer adulto, mesmo aquele que não tenha intenção de ser um empreendedor para um negócio. Empreender é acrescentar algo para si.

Todos nós podemos, por meio do empreendedorismo e da educação, melhorar nossa vida e nossa relação com o dinheiro. É um bem que se estenderá às futuras gerações. Hábitos equivocados na maneira de lidar com o dinheiro podem ser transmitidos de pais para filhos, uma vez que as crianças costumam se espelhar nos hábitos dos adultos. Portanto, é hora de romper com esse ciclo!

Vamos pensar em como transformar uma ideia, uma habilidade ou uma oportunidade em um negócio de verdade. Pode ser com a venda de um salgado ou de um doce que você faz e deixa todos com água na boca, um artesanato para enfeitar a casa ou, até mesmo, a prestação de serviços dos mais diversos.

Além de ter habilidade para fazer algo muito bem ou da vontade de aprender, existem ainda algumas características essenciais às pessoas empreendedoras. Essas características também podem ser desenvolvidas, isto é, se você não descobriu esses predicados em você, não desista. Todos nós podemos aprender e empreender.

As características mais necessárias a um empreendedor são a criatividade, muito importante para a criação de um negócio com gastos baixos sem deixar de divulgá-lo; a capacidade de organização e planejamento, tanto com o negócio quanto com o dinheiro; habilidade para lidar com pessoas, incluindo as que poderão trabalhar com você e os clientes do seu negócio; a visão de futuro, que também está ligada ao planejamento; e a responsabilidade, já que você estará assumindo novos desafios.

Todas as pessoas podem desenvolver essas habilidades. Se você conhece uma pessoa criativa, conte com ela para desenvolver sua capacidade de empreender! A união de pessoas, sejam elas familiares, sejam amigos, é muito importante. Um empreendedor deve saber identificar em si mesmo seus pontos fortes e fracos para se unir a outros que o complementem.

NOVOS NEGÓCIOS E A ECONOMIA

Qualquer pessoa pode se tornar empreendedora e mudar a própria vida, a de sua família e a de muitas outras. Um novo negócio, quando é vitorioso, estimula a economia e gera empregos e, assim, faz o dinheiro circular. Por isso, já há muitos anos, o fenômeno do empreendedorismo tem sido apontado como bastante relevante para o crescimento econômico, a produtividade, a inovação e o emprego.

Ao mesmo tempo que uma nova empresa ou atividade pode transformar positivamente a economia, uma economia fraca pode impedir que um novo negócio se desenvolva e se estabeleça. No Brasil, o empreendedorismo se popularizou a partir de 1990, contribuindo para a crescente participação de micro e pequenas empresas na economia. Mais avanços vieram nas décadas seguintes, como a Lei Geral da Micro e Pequena Empresa, em 2006, e a Lei do Microempreendedor Individual, em 2008.

Com dedicação e vontade de aprender, todos nós podemos ser grandes empreendedores. E, claro, mais conscientes da nossa relação com o dinheiro e do consumo sustentável é possível realizar nossos maiores sonhos.

Se você conhece uma pessoa criativa, conte com ela para desenvolver sua capacidade de empreender! A união de pessoas, sejam elas familiares, sejam amigos, é muito importante.

COLOCANDO A IDEIA EM PRÁTICA

OS SETE PASSOS DO EMPREENDEDORISMO

Para estimular de forma simples e didática o empreendedorismo nas pessoas de todas as idades, conheça os sete passos para o caminho desse aprendizado.

- **1º passo:** gostar do que faz.
- **2º passo:** ser organizado.
- **3º passo:** estar atento às relações humanas.
- **4º passo:** saber identificar as oportunidades.
- **5º passo:** ser perseverante.
- **6º passo:** ter confiança.
- **7º passo:** sempre buscar o lucro.

Se você se concentrar e procurar entender cada uma dessas etapas, buscar identificar com qual delas tem mais afinidade e tentar superar as dificuldades sempre que elas surgirem, tenha certeza de que estará no caminho certo para a prosperidade do seu negócio.

Muitas vezes, as pessoas decidem abrir um negócio sem ao menos ter tido contato com alguns desses aspectos. Sem se darem conta, estão iniciando uma jornada fadada ao fracasso, pois não se dedicaram como realmente deveriam.

O sonho do empreendedorismo é compartilhado por milhões de pessoas no Brasil e no mundo. Muitos são bem-sucedidos, embora outros fiquem pelo caminho. Afinal, nem todo mundo pode protagonizar histórias emblemáticas de empreendedorismo como as vividas por Bill Gates, fundador da Microsoft, ou por Mark Zuckerberg, criador do Facebook. Esses ícones da tecnologia ainda inspiram milhares de pessoas a alimentar o sonho de se transformar em grandes empreendedores do universo tecnológico. Mas é preciso ter consciência de que tanto Gates quanto Zuckerberg são pessoas à frente de seu tempo, que foram capazes de criar algo que ainda não havia sido imaginado, com base em seus interesses próprios. Ambos fizeram sua revolução pessoal antes dos 30 anos.

Esses dois exemplos podem e devem estimulá-lo a ir em busca do seu sonho. É importante reforçar, contudo, que a Educação Financeira efetiva deve ser a principal aliada dos futuros empreendedores. Isso porque a busca pelos sonhos e realizações está intimamente ligada à forma como você se comporta com seus gastos e ganhos, ou seja, com o seu dinheiro.

Lembre-se sempre desta importante lição: não basta apenas ser empreendedor, é fundamental que você seja um empreendedor educado financeiramente. Aliás, essa é uma sugestão que você deve levar para todos os aspectos da sua vida, tanto profissional quanto familiar. Afinal, se você não é capaz de gerir com êxito a sua vida financeira, equilibrando a relação entre seus ganhos e gastos, o que será da saúde financeira do seu negócio?

Então, você está preparado para encarar essa desafiante jornada em busca do sonho do empreendedorismo?

GOSTAR DO QUE FAZ É FUNDAMENTAL

Desde crianças, é comum imaginarmos como será o nosso futuro. Quem gosta de animais, inevitavelmente, pensará um dia em ser veterinário. Quem aprecia filmes de astronautas já se vê pisando na Lua. Isso ocorre de forma natural e é bastante saudável.

Se para uma criança o futuro está recheado daquilo que ela aprecia, por que para jovens e adultos essa perspectiva deveria ser diferente? Se essa máxima vale para a escolha da profissão, ela também é verdadeira e deve ser o primeiro item a ser considerado na hora de empreender.

Ao analisar suas qualidades e quando tiver uma boa ideia, o empreendedor deve se questionar sobre o quanto gosta de determinada atividade. Afinal, trabalhar e ganhar a vida com o que gosta de fazer é um dos principais objetivos de qualquer pessoa.

Somos realmente felizes quando fazemos aquilo que nos dá prazer e satisfação. Por outro lado, uma das maiores fontes de infelicidade de qualquer um é ter de, a cada dia, por meses e anos a fio, realizar uma atividade que não aprecia e não traz bem-estar pessoal. Por isso, entre todas as características de um empreendedor, ter paixão é a mais importante. Se você gosta do que faz ou pretende fazer, qualquer outra habilidade pode ser desenvolvida e praticada.

A ideia que você decidiu colocar em prática deve fazê-lo feliz. Disso dependerá, e muito, o êxito do negócio e da atividade escolhida, porque o empreendedor deverá ter muita disposição e força de vontade para tornar realidade o que ainda não passa de um sonho, de um projeto para o futuro. É fundamental que você, como empreendedor, seja apaixonado pelo seu projeto, uma vez que, a partir de agora, o ideal será transformá-lo em realidade. Além disso, quando fazemos algo de que realmente gostamos, fica muito mais fácil inspirar as pessoas. E toda e qualquer ideia, para virar realidade, precisa do apoio de outras pessoas e da interação com elas para ser vitoriosa.

A paixão será ainda a fonte inspiradora e o combustível para que o empreendedor supere os obstáculos da nova jornada.

É muito importante que parceiros de trabalho, fornecedores e, principalmente, clientes vejam a paixão do empreendedor por sua atividade. Ao perceberem esse sentimento presente em você, com certeza darão mais valor não só ao dono do negócio, como também ao produto ou serviço oferecido. Ter paixão pelo que faz é uma das melhores formas de conquistar a simpatia e a confiança das pessoas.

Quer um exemplo que ilustra bem essa questão? Quando você é mal atendido em algum estabelecimento ou em qualquer relação comercial, a consequência mais natural é ficar com uma impressão ruim do lugar ou do produto. É claro que esse atendimento não qualificado pode ter ocorrido por diversas razões, mas o fato é que dificilmente uma pessoa que trata mal seus clientes gosta verdadeiramente daquilo que faz.

A paixão será ainda a fonte inspiradora e o combustível para que o empreendedor supere os obstáculos da nova jornada. Problemas surgirão e isso será inevitável, mas se você gosta realmente do que faz, será muito mais fácil enfrentar as dificuldades de cada dia. Isso também vale para os pessimistas e suas críticas. Com paixão por sua escolha, os problemas que virão também serão mais facilmente superados. Afinal, quem gosta verdadeiramente de algo se dedica com mais apreço para a sua realização e êxito.

Dessa forma, você terá a confiança necessária para apresentar e vender seu projeto de empreendimento e, no futuro, o próprio produto ou serviço. É muito mais fácil e prazeroso vendermos algo em que acreditamos verdadeiramente.

Não diremos que não é possível ter competência para realizar algo de que não gosta. Porém, a paixão é fundamental para um empreendedor que gastará tempo e dedicação para concretizar algo.

Uma orientação importante é pesquisar e conhecer muito bem a área em que se deseja empreender.

Assim como a família do exemplo mencionado pesquisou e procurou entender as particularidades de uma plantação de tomates, será preciso que o empreendedor domine o solo em que pisará. É preciso estudar e estar sempre atualizado, o que não só contribuirá para o êxito do empreendimento, como também poderá fazer com que a paixão cresça ainda mais.

PLANEJAMENTO E ORGANIZAÇÃO

Quando optamos por fazer algo de que realmente gostamos e para o que temos competência, fica mais fácil conhecer e identificar o mercado, os clientes e os fornecedores, além dos atuais e possíveis concorrentes.

Com essas informações em mãos, é hora de planejar o futuro negócio e as atividades a serem desenvolvidas. Nessa etapa, será necessário que você cuide de sua ansiedade, para não se precipitar e não atropelar as coisas. O planejamento será a ferramenta para que você, agora como empreendedor, alcance o completo domínio de seu negócio.

Em primeiro lugar, você precisa pensar em um plano para o início das atividades. Isso porque pode demorar certo tempo para que o dinheiro das vendas ou da prestação de determinado serviço comece efetivamente a entrar no caixa e, até lá, você terá de arcar com uma série de gastos, que devem estar listados e computados para evitar surpresas desagradáveis.

É hora também de definir objetivos, colocando no

papel aonde a empresa quer chegar, quanto ela pode crescer e como. Não basta apenas montar um plano na cabeça, ele deve estar registrado em um caderno ou em planilhas no computador, para evitar que ideias não executadas, porém muito valiosas, sejam perdidas ao longo de todo o processo.

O planejamento deve incluir também uma análise cuidadosa do mercado e das tendências que podem ser seguidas. O empreendedor deve conhecer as necessidades e demandas de seus clientes para oferecer efetivamente um produto ou serviço que seja rentável. Uma boa alternativa é contar com a ajuda de especialistas e de órgãos de apoio ao empreendedor.

No início, o planejamento deve ser acompanhado de um plano de negócios, o que poderá ajudar na definição dos preços dos produtos e/ou serviços, das formas de pagamento e de como eles serão ofertados.

É importante pensar nos diferenciais do seu produto ou atividade profissional e realizar uma comparação com o que é oferecido no mercado para definir o preço de comercialização. Nesse produto ou serviço deverão estar embutidos os gastos com material, mão de obra e distribuição, além do lucro. Coloque tudo isso no papel e comece a pesquisar locais com o melhor preço para a compra de cada material ou produto necessário para o início dos negócios. Se a sua ideia é produzir algo, você também precisará decidir se fará isso sozinho ou se precisará da ajuda de outras pessoas.

Calcule o tempo investido na elaboração de cada produto para ter uma ideia da produção. Tudo isso é decisivo para a definição do preço do serviço ou da mercadoria que será oferecida. Nunca se esqueça de buscar sempre a qualidade. Seja exigente e tente encontrar maneiras de melhorar a produção, ser mais rápido e gastar menos.

Você terá que pensar ainda em como o produto será vendido. De porta em porta? Pela internet? Em lojas já existentes? Em uma nova loja a ser aberta? Isso também vale para os serviços. Se a sua ideia de empreendedorismo é realizar serviços de manicure, onde as clientes serão atendidas? Na casa delas ou em uma sala comercial?

O futuro deve estar claramente definido, assim como os objetivos de curto prazo. É em função do futuro que você deverá pensar e organizar o seu negócio.

Defina as atividades principais a serem realizadas e

coloque-as em ordem de importância no planejamento, definindo os prazos finais máximos para cada uma. Será necessário ainda acompanhar os resultados do plano e, caso seja preciso, fazer ajustes. Para isso, tenha registros diários dos gastos e das atividades realizadas. Esse diário será o seu guia e um importante aliado na tomada de decisões. Não se esqueça de que a falta de planejamento e organização é o principal entrave para ser bem-sucedido em um novo negócio.

Por isso, o plano inicial deve ser sempre revisto e atualizado. Se ao final dos primeiros meses os objetivos estipulados estiverem muito distantes de serem alcançados, é sinal de que algo está errado. O empreendedor poderá ter criado objetivos muito ambiciosos ou estar pecando em alguma etapa do processo. Em ambos os casos, será necessário fazer correções no planejamento.

Tenha foco no seu novo negócio. Lembre-se de que você investirá muito mais do que uma possível quantia em dinheiro: também o seu tempo, a sua dedicação, os seus sonhos e a busca por um futuro melhor, no qual você poderá alcançar a tão sonhada independência financeira.

ATENÇÃO AO NEGÓCIO

INVISTA NAS RELAÇÕES HUMANAS

O terceiro passo para o empreendedorismo está relacionado ao modo como você trata as pessoas ao seu redor, como expõe suas ideias e como delega tarefas. Esses são fatores fundamentais para que o plano de negócio tenha êxito desde o início.

Seja sempre simpático e trate muito bem os colaboradores, aqueles que o ajudarão a realizar sua missão. Colaboradores são todas as pessoas relacionadas ao negócio: desde fornecedores e funcionários até clientes. Desse modo, a formação da equipe é a base para que o negócio funcione bem. Em grandes empresas há uma área dedicada a esse aspecto, comumente chamada de Recursos Humanos (RH) ou, no jargão moderno, Gestão de Pessoas. No caso do empreendedor que está no início de sua jornada nos negócios, caberá a ele o papel de gerir os seus funcionários.

Por isso, você deve pensar com cuidado sobre as competências e as qualidades necessárias para o êxito do seu negócio. Avalie quais são os comportamentos e as habilidades mais fracos em você, para se cercar de pessoas que possuam essas qualidades bem desenvolvidas. O objetivo é formar um time experiente e que se complete para evitar falhas no negócio.

Pense com cuidado no número de pessoas que deverão ser contratadas e para quais funções. Avalie também se, logo no começo do seu projeto, quando o faturamento costuma ser mais baixo, existe a necessidade de mais mão de obra. No início, algumas funções poderão ser exercidas por mais de um colaborador. Quando o dinheiro começar a entrar e as tarefas aumentarem, será o momento apropriado para ampliar a equipe.

Outro ponto de atenção é o trabalho com familiares e amigos. É comum que, em pequenos negócios, especialmente no início, o empreendedor se cerque das pessoas mais próximas, que são aquelas em que ele confia e que trabalharão com dedicação e afinco para que tudo dê certo. Contudo, nem sempre essas pessoas são as que têm as habilidades e os conhecimentos necessários para que o empreendimento deslanche de verdade. Faça essa análise com muito cuidado para não prejudicar o negócio nem as suas relações pessoais.

É necessário também definir com cautela o salário a ser oferecido. Nesse caso, vale novamente pesquisar a concorrência e o mercado para saber quanto é, em média, a remuneração para determinada atividade. Isso ajudará o empreendedor a ter uma equipe mais satisfeita, disposta a trabalhar e a investir no novo negócio.

Salários baixos em relação ao mercado levarão o funcionário a procurar outro emprego. É muito mais dispendioso investir e treinar uma pessoa que trabalhará descontente ou por pouco tempo em seu negócio do que oferecer um salário compatível com a função. Além disso, a troca constante de funcionários pode acabar afetando a imagem da empresa ou do produto/serviço para os clientes.

Porém, mais que o salário, outras questões devem ser levadas em consideração, como formar um time em que as pessoas compartilhem os mesmos valores e desejos. Um funcionário pode ser ótimo para uma empresa e mediano ou ruim para outra. Esse é um importante ponto a ser avaliado.

Com a equipe formada e os fornecedores escolhidos, é hora de acompanhar os desempenhos de cada um. É papel do empreendedor avaliar os pontos fortes e fracos e trabalhar para que as qualidades sejam fortalecidas, e as deficiências, superadas. O relacionamento entre os colaboradores também deve ser observado, uma vez que uma equipe com dificuldade de interação não costuma trazer bons resultados.

No entanto, o fundamental é a capacidade de se relacionar bem com todos ao redor. Sem funcionários e fornecedores não há negócio. Sem clientes não há faturamento, isto é, entrada de dinheiro. Por isso, você deve tratar a todos com educação e cordialidade.

Os resultados surgirão logo, uma vez que um funcionário ou comprador satisfeito tende a fazer boa propaganda do negócio. Por outro lado, não há nada pior que um cliente insatisfeito, pois há chance de diminuir a freguesia com críticas e percepções ruins.

Avalie quais são os comportamentos e as habilidades mais fracos em você, para se cercar de pessoas que possuem essas qualidades bem desenvolvidas.

Todos os passos estão interligados. Com planejamento e organização você pode construir uma boa equipe. Com paixão pelo que faz, será mais feliz em suas tarefas, e isso transparecerá a funcionários e clientes. A simpatia tem como base o sentimento, e isso é um valor da empresa. Pessoas se apegam a negócios e a marcas, por mais improvável que isso possa parecer.

É comum que clientes tenham simpatia ou antipatia por uma empresa e seus produtos e serviços. Qual sentimento você deseja despertar? Disso dependerá a imagem que você e sua empresa passarão e as experiências que seu produto ou serviço proporcionarão aos seus clientes: os consumidores deverão se sentir bem tanto no ato da compra quanto na hora de desfrutar do produto/serviço. As pessoas deverão acreditar verdadeiramente que você é capaz de fazer o seu melhor, que o seu negócio é realmente fruto de dedicação e comprometimento.

Conquistar a simpatia das pessoas que trabalham com você e também daquelas que consomem o que você produz ou oferece, seja o que for, é o ponto de partida para o futuro vitorioso de seu negócio.

IDENTIFIQUE OPORTUNIDADES

Como no segundo passo, o plano inicial precisa ser constantemente revisto e atualizado para que novas ideias, produtos e oportunidades possam contribuir ou até aumentar o bom êxito do empreendimento.

No exemplo da plantação de tomates, diversificar as frutas e incluir outros legumes e hortaliças foi a saída para manter e aumentar o número de clientes atendidos pela família. Eles perceberam que vender somente tomates não era um diferencial; enxergaram uma deficiência nos negócios e souberam transformá-la em uma oportunidade para agradar aos atuais clientes e ainda conquistar novos consumidores. Afinal, não é todo mundo que consome tomates, mas dificilmente alguém passa muito tempo sem comprar algum tipo de fruta ou legume.

A saída estava diretamente ligada a uma oportunidade. Para que a ocasião apareça e seja criado um ambiente favorável, o empreendedor deve sempre estar bem informado e atento ao seu negócio. O senso de oportunidade no negócio escolhido deve ser um dos focos de atuação de todos os empreendedores.

Ter senso de oportunidade significa que uma de suas principais características deve ser o conhecimento sobre como identificar oportunidades, agarrá-las e buscar maneiras para transformá-las em um negócio bem-sucedido. O empreendimento só será lucrativo ao longo do tempo se houver inovação, que resultará da identificação de oportunidades. Além do item principal, que é a qualidade do produto ou serviço, os clientes buscam novidades.

Vivemos em um mundo em que, a cada dia, algo novo é criado para encantar e seduzir os consumidores. Essa também deve ser uma busca constante do empreendedor: fazer com que clientes em potencial se encantem pelo seu negócio.

Para isso, é preciso estar atento a alguns aspectos. Um deles é a própria concorrência. Se existem muitos negócios iguais ao que você pretende abrir, avalie se o seu produto/serviço possui algum diferencial, algo capaz de atrair e manter a clientela.

Do mesmo modo, o local de atuação deve ser pesquisado. Se há muitos salões de cabeleireiro em uma rua, vale a pena procurar outra. A disponibilidade de matéria-prima é mais um aspecto. Você quer fabricar doces de abacaxi? Pesquise se há abacaxis o ano inteiro e se existe muita oscilação de preço. Afinal, esses são fatores que acabam influenciando o preço final do produto.

Seja audacioso e observe o comportamento do seu setor e do mercado para, assim, acompanhar de perto suas transformações e tendências. Procure sempre inovar, que é uma forma de aproveitar as oportunidades e fazer além dos demais. Saber identificar oportunidades para se reinventar é a melhor forma para obter um diferencial de mercado. Faça isso sempre.

Ao analisar as oportunidades, avalie quais mudanças poderão ser proporcionadas, pois a inovação pode ir além de alterações no produto final ou da inclusão de algo a ser vendido. Um exemplo são as formas de distribuição. Digamos que não exista nenhum serviço de entrega de um determinado produto. Se o empreende-

Saber identificar oportunidades para se reinventar é a melhor forma para obter um diferencial de mercado.

dor enxergar isso como uma oportunidade e verificar a viabilidade de incrementar seus negócios com a entrega de seu produto em domicílio, ele inovará e impulsionará as vendas.

Outras oportunidades podem ser a inovação no atendimento, na decoração do empreendimento ou na embalagem do produto. Por isso, o cuidado deve sempre ser redobrado. Afinal, quantas vezes você não descobriu uma grande novidade e se perguntou: "Por que não pensei nisso antes?".

Faça perguntas para identificar uma oportunidade. Questione os problemas principais que os clientes do seu negócio estão enfrentando ou aquilo que poderia mudar suas vidas para melhor. Lembre-se de que as pessoas estão sempre buscando e consumindo aquilo que facilita o dia a dia.

A PALAVRA-CHAVE É PERSEVERANÇA

Ao apostar em uma nova iniciativa, é necessário insistir ao máximo para que ela dê certo. A força de vontade é um dos pilares para que o empreendedor seja bem-sucedido. E, novamente, quem gosta do que faz batalhará com muito mais força de vontade para que o novo negócio seja um empreendimento vitorioso.

Quando o empreendedor desvenda a área em que quer trabalhar, quando ele entende seus principais desafios e suas potenciais conquistas, a força de vontade para desenvolver da melhor maneira possível o negócio será apenas uma consequência. Ela ajudará a dosar a quantidade e a qualidade de tempo destinado ao trabalho, e ambos são fundamentais e estão relacionados diretamente à força de vontade. Com certeza haverá momentos bons e ruins, de calmaria e tempestades. Isso é natural em qualquer empreendimento, em qualquer área de negócio. A força de vontade será a ferramenta que levará o empreendedor a trabalhar com a mesma dedicação todos os dias, independentemente do cenário.

A força de vontade para vencer as dificuldades lhe dará a motivação necessária para seguir sempre em frente, buscando o melhor de cada situação. Será capaz de ajudá-lo a ter disciplina e perseverança, que são fundamentais para o êxito. Também fará com que você se destaque, já que, de forma geral, quem possui um elevado grau de força de vontade é admirado por sua capacidade de orientar e governar mais do que um negócio, mas a própria vida.

Muitas vezes tememos o fracasso, e esse sentimento nos impede de crescer e de apostar em nossas maiores qualidades e aptidões. Mas o sentimento de perseverança também é capaz de ajudá-lo a compreender os erros e a passar pelos momentos de dificuldades, com a aposta de um futuro melhor. Levará o empreendedor a persistir sempre, a recomeçar se for preciso e, a cada dia, se empenhar mais e mais.

Essa deve ser sempre a lição aprendida com os pequenos fracassos, já que você não pode nunca deixar de olhar o seu objetivo maior, sua missão, que é a de alcançar uma vida feliz e mais tranquila financeiramente, graças aos bons resultados de um negócio próprio. Ao adotar essa perspectiva mais otimista, você certamente não desistirá no primeiro, no segundo ou no terceiro obstáculo. Ao contrário, entenderá que há oportunidades em cada passo incorreto e que, se por um lado há dezenas de razões para desistir, por outro há centenas de outras para seguir em frente.

Não interessa o número de vezes que você caia, mas sim a quantidade de ocasiões em que estará disposto a se levantar e, com força de vontade e otimismo, batalhar para dar o melhor de si. Lembre-se: o empreendedor deve sempre enxergar novas potencialidades, possibilidades e caminhos em cada desafio.

O sentimento de desânimo é fatal para quem deseja empreender. Desistir é uma palavra que não existe no mundo do empreendedorismo. Afinal, ao apostar em uma atividade que dá prazer, você também terá energia para enfrentar os momentos ruins, ciente das oportunidades que o futuro lhe reserva.

Nesse sentido, é preciso treinar a autodisciplina, que é uma aliada da força de vontade. Em conjunto, essas duas características permitirão ao empreendedor suportar de maneira mais leve e positiva possíveis privações e dificuldades, sejam elas físicas, sejam emocionais ou até financeiras. Não se permita desistir.

Com autodisciplina e força de vontade, você não cederá a satisfações imediatas, que podem exigir menos esforço e tempo, mas desviarão você do objetivo final. Foque sempre no que você mais almeja alcançar, em tornar a sua ideia de projeto em um empreendimento que dará orgulho a você, aos seus amigos e aos familiares.

Acredite no êxito do seu projeto e demonstre isso às pessoas ao seu redor. Elas se sentirão contagiadas com esse sentimento positivo e mais dispostas a batalhar com você nos momentos bons e ruins. Ter força de vontade também é uma das características de um líder, de quem tem confiança no que está fazendo e acredita no seu potencial. Portanto, confie em você, em suas ideias e no seu empreendimento.

Não interessa o número de vezes que você caia, mas sim a quantidade de ocasiões em que estará disposto a se levantar e, com força de vontade e otimismo, batalhar para dar o melhor de si.

EM BUSCA DE RESULTADOS

CONFIANÇA É FUNDAMENTAL

A sua palavra, assim como o seu nome, é um dos maiores bens que você possui. A confiança estabelecida com seus funcionários, fornecedores e clientes é fundamental para que o empreendimento tenha êxito. Não importa quais obstáculos ou problemas possam aparecer: se você combinou algo, tem que cumprir.

Por isso, seja realista e pense bem antes de firmar qualquer compromisso. Não meta os pés pelas mãos, ou seja, não faça nada de forma precipitada, sem pensar. No início do empreendimento, pode ser que você não consiga aceitar pedidos grandes, mas isso é perfeitamente normal.

É muito melhor ser verdadeiro e assumir que não pode dar conta de determinado pedido do que aceitar e depois não conseguir entregar tudo o que foi solicitado ou perder o prazo combinado. Não pense que, ao negar um pedido, você perderá clientes. Seja honesto e diga que, no momento em questão, você não tem estrutura para atender com qualidade o pedido para um número grande de produtos ou serviços. Isso fará com que o cliente tenha confiança em sua palavra e faça negócios com você no futuro, com a certeza da entrega nas condições estipuladas. Lembre-se de que seus fornecedores e clientes contarão com o que foi combinado para se planejarem.

Vamos analisar esse aspecto novamente no caso da plantação de tomates da família do exemplo citado. Digamos que eles tenham como cliente um restaurante, que encomendou uma quantidade grande de tomates para um dia especial. Se o produto não for entregue na data e na quantidade estipuladas, o restaurante não terá como atender a seus clientes. Isso vai virar uma bola de neve de problemas e diversas pessoas sairão prejudicadas. O mesmo vale para os fornecedores. Se você encomendou algum produto ou serviço, deve pagar por eles e arcar com sua palavra.

Os funcionários, que devem ser seus aliados na busca pelo êxito do empreendimento, também precisam ter a certeza de que podem confiar em você. Não atrase nunca os pagamentos. Se você acha que não pode pagar todos os salários em determinado dia, não estabeleça esse prazo.

O mesmo vale para promessas de aumento ou folgas. Em vez de anunciar que, em alguns meses, a remuneração será superior, espere acumular mais dinheiro em caixa e, quando tiver a certeza de que poderá aumentar os salários, converse com a equipe. Se uma promessa pode motivar as pessoas, o não cumprimento dela, por outro lado, pode levar até a boicotes.

A sua palavra vale ouro, e honrá-la demonstra que é uma pessoa honesta e confiável. Confiança é fundamental em qualquer relação, especialmente as comerciais. Por isso, pense também na forma de divulgação de seu produto/serviço. Não faça propaganda enganosa. Se você diz que usa determinada marca na fabricação de seus produtos ou que eles têm determinado peso, tamanho ou aparência, é imprescindível que essas informações sejam verdadeiras

É fácil perceber quando alguém faz uma propaganda que não é verdadeira. Um caso comum são as pizzarias que estampam em seus cardápios uma marca, mas elaboram a *pizza* com o produto de outro fornecedor. Isso engana o consumidor que, ao perceber, vai se sentir traído e não voltará a comprar naquele estabelecimento.

BUSQUE SEMPRE O LUCRO

O último e não menos importante passo para alcançar um empreendimento bem-sucedido é o lucro, ou seja, quando sobra dinheiro após o pagamento de todos os gastos. Nesse sentido, controlá-los é uma das premissas mais básicas nesse caso. O controle dos gastos deve ser iniciado ainda durante a fase de planejamento do empreendimento e ter continuidade depois, com o negócio já em funcionamento.

Inicialmente, você deve avaliar o investimento necessário para a operação, que é chamado de "caixa de abertura de empresa". Nele entrarão os investimentos com equipamentos de produção, móveis, aluguel, funcionários, e o gasto para a abertura da empresa. É muito importante que tudo esteja regularizado e dentro da lei.

Com as portas abertas, determinada quantia será destinada para cobrir os gastos recorrentes e os variáveis, e ambos devem ser contabilizados para evitar surpresas desagradáveis.

Os gastos recorrentes são aqueles que você terá de

pagar em um determinado período de tempo, independentemente de as vendas ocorrerem ou não. Já os variáveis são os valores gastos somente quando se realizam as vendas, geralmente incluem impostos sobre a venda, matéria-prima (os produtos usados na fabricação), frete e uma possível comissão de vendedores.

Essa relação de gastos será fundamental tanto para avaliar a viabilidade do negócio quanto para determinar o preço do produto ou serviço que será ofertado. Daí a importância de ter tudo computado e organizado. O cálculo não é difícil. Veja o quadro a seguir, em que usamos como exemplo o caso da plantação de tomates.

Data	Descrição	Entrada (em R$)	Saída (em R$)	Resultado (em R$)
01/07	500 caixas de tomates vendidas	500,00	0	500,00
10/7	600 caixas de tomates vendidas	600,00	0	1.100,00
18/7	Compra de material para o plantio	0	600,00	500,00
20/7	900 caixas de tomates vendidas	900,00	0	1.400,00
25/7	500 caixas de tomates vendidas	500,00	0	1.900,00
28/7	Gastos com abastecimentos e entregas	0	800,00	1.100,00
29/7	100 caixas de tomates vendidas	100,00	0	1.200,00
30/7	Pagamento de colaboradores	0	1.500,00	300,00
		Total em julho		**-300,00**

Veja que, no exemplo acima, o saldo foi negativo. Para reverter essa situação, os membros da família avaliaram uma série de aspectos: se o preço deveria ser reajustado, se poderiam diminuir o número de funcionários e se os materiais usados no plantio poderiam ser adquiridos de um fornecedor com preço mais baixo e qualidade igual.

Por fim, eles optaram por aumentar o preço do tomate de R$ 1,00 para R$ 1,20 a caixa e trocaram de fornecedor.

Data	Descrição	Entrada (em R$)	Saída (em R$)	Resultado (em R$)
01/08	500 caixas de tomates vendidas	600,00	0	600,00
10/8	600 caixas de tomates vendidas	720,00	0	1.320,00
18/8	Compra de material para o plantio	0	570,00	750,00
20/8	900 caixas de tomates vendidas	1.080,00	0	1.830,00
25/8	500 caixas de tomates vendidas	600,00	0	2.430,00
28/8	Gastos com abastecimentos e entregas	0	800,00	1.630,00
29/8	100 caixas de tomates vendidas	120,00	0	1.750,00
30/8	Pagamento de colaboradores	0	1.500,00	250,00
		Total anterior		**-300,00**
		Total em agosto		**-50,00**

O aumento no preço da caixa de tomate de R$ 1,00 para R$ 1,20 não foi suficiente para que a família tivesse lucro no final do mês de agosto, que resultou em um prejuízo de R$ 50,00. Isso mostra que somente aumentar o valor do produto pode não trazer resultados positivos a curto prazo. Por isso, é preciso ficar sempre atento aos valores de venda dos produtos, assim como a todos os gastos. Nesse exemplo, após as mudanças introduzidas, somente no terceiro mês o resultado foi alcançado, ou seja, houve lucro de R$ 200,00.

Com espírito empreendedor, a família aproveitou esses R$ 200,00 para investir no negócio. Esse é o ideal, especialmente no início: que o lucro seja gasto somente em melhorias na empresa. Por isso, é necessário estabelecer para você um pró-labore, ou seja, uma remuneração por seu trabalho, como um salário mensal.

Esse valor estará incluído nos gastos mensais recorrentes de seu empreendimento e deve ser bastante realista. Não é inteligente estipular um valor muito alto, que pode comprometer a rentabilidade da sua empresa. Entenda que você terá de adaptar a sua vida financeira conforme a realidade do negócio.

CONCENTRE-SE NA SAÚDE FINANCEIRA

Com esses sete passos e uma boa ideia, você poderá empreender e melhorar a sua vida e a de sua família. É importante, contudo, que você tenha sempre foco na saúde financeira de seu negócio, porque empreender, independentemente do ramo de atividade, pode ser um investimento de risco e requer, entre outros aspectos, habilidades e muito conhecimento. Para que você possa refletir, pense na seguinte pergunta: "Se a partir de hoje você não receber mais seu ganho mensal com pró-labore, por quanto tempo conseguirá manter o seu atual padrão de vida?".

Sua resposta estará ligada à saúde financeira do seu negócio, o que está intimamente relacionado ao seu conhecimento sobre Educação Financeira. É necessário que você siga os sete passos, avaliando todos os itens com cuidado, e seja um empreendedor educado financeiramente. Não basta apenas ter conhecimento na área em que deseja empreender, é preciso saber administrar o dinheiro que entra e sai no negócio.

A saúde financeira dependerá da relação que você tem com o dinheiro. Os ganhos da empresa não devem ser utilizados para atender a desejos particulares do empreendedor. Por isso, é importante que você estabeleça um pró-labore. E lembre-se de que, como empreendedor, você não terá garantias como FGTS, férias, vale-transporte e vale-refeição, entre outros benefícios.

Para separar seus gastos dos da sua empresa, o primeiro passo é listar os do negócio e os pessoais. Uma vez feito esse diagnóstico, ele não precisa ser repetido mensalmente. Considere item a item e veja as melhores formas de reduzir esses gastos.

Outro ponto a ser considerado é o automóvel. Nas micro e pequenas empresas, é comum que o carro particular seja também usado na empresa. Por isso, o recomendado é que o empreendedor estime quanto gasta com combustível e estacionamento para a empresa e quanto gasta para seu próprio uso. Cada gasto deve ser relacionado e pago separadamente.

O lucro também não pode ser gasto com desejos pessoais, principalmente no início, quando o negócio está sendo estruturado. Pelo menos 10% do ganho mensal devem ser poupados para serem usados como capital de giro ou para reinvestimento na empresa. Usar todo o dinheiro conquistado é um erro comum, que pode levar ao fracasso empresarial.

Assim como um trabalhador deve respeitar o dinheiro recebido com o seu trabalho, o empreendedor deve seguir a mesma regra. Sua família também precisa de segurança e, por isso, invista em um seguro de vida ou acidentes, além de um plano de previdência complementar.

Realize frequentemente um diagnóstico financeiro do seu negócio buscando a melhor rentabilidade; mantendo ou formando um capital de giro (aquele dinheiro necessário para a empresa fazer os negócios acontecerem); e tendo ou construindo reservas estratégicas para eventuais momentos de turbulência do mercado e para realizar investimentos no negócio. Paralelamente, reveja seus gastos pessoais e os de sua família, busque reduzir excessos e foque nos sonhos e objetivos de todos, incluindo as crianças.

Por fim, conte com o apoio de instituições especializadas, que oferecem cursos para empreendedores com profissionais e educadores especialistas em empreendedorismo e educação financeira. Eles poderão auxiliá-lo na realização do seu sonho de empreender.

Para separar seus gastos dos da sua empresa, o primeiro passo é listar os do negócio e os pessoais. Uma vez feito esse diagnóstico, ele não precisa ser repetido mensalmente. Considere item a item e veja as melhores formas de reduzir esses gastos.

O Autor

Reinaldo Domingos

Pioneiro na área de Educação Financeira no Brasil e criador de uma metodologia que já ajudou milhares de pessoas a retomar as rédeas de sua vida financeira, o PhD Reinaldo Domingos nasceu em uma pequena cidade do interior de São Paulo, Casa Branca, e foi lá que deu os primeiros passos de sua vida profissional. Primeiro, como auxiliar de camelô – queria conseguir dinheiro para comprar uma bicicleta –, depois, como técnico em Contabilidade.

Mas seus sonhos ultrapassavam os limites da pequena cidade. Já em São Paulo, cursou Contabilidade, dessa vez como ensino superior. Quatro anos depois, abriu sua própria empresa na área, a Confirp, e a seguir uma empresa de contabilidade digital.

Tudo ia muito bem, mas a mente inquieta e curiosa de Reinaldo Domingos, que na época já era referência na área financeira, queria mais. Decidido a compartilhar suas experiências com o público, escreveu o livro

Terapia financeira, *best-seller* com milhões de exemplares vendidos, em que apresentou a **Metodologia DSOP**, baseada em quatro pilares: Diagnosticar, Sonhar, Orçar e Poupar. Esse livro foi o primeiro de uma longa série sobre Educação Financeira, tanto para o público adulto quanto para crianças e adolescentes.

Entre as obras publicadas, estão as coleções: Sonhos, Diversão, Educação Financeira, Menino do Dinheiro e Turma do Nico, com destaque para *Diário dos sonhos* (PNLD 2022) e *Menino do Dinheiro em cordel* (PNLD 2018). É coautor de *Juventude Plural; projeto de vida* (PNLD 2021), autor de *Meu pet cabe no meu bolso* e também de uma coleção com os personagens da Turma da Mônica, em parceria com Mauricio de Sousa. Em seu portfólio, constam ainda obras para o segmento internacional, como *School Camp*, *The Camp*, *Journal of Dreams* e a série Money Boy.

Uma vida dedicada à Educação Financeira: de Casa Branca, quando conquistou a primeira bicicleta com seu trabalho, para além das fronteiras do país.

www.dsop.com.br

dsop
editora